MANDELA

Emanuel Castro

**Ilustrado por
Ignacio Segesso**

LATINBOOKS
International

Creación y realización
Cypres S. A.

Edición y corrección
Juan Cruz De Sabato
Paula Mercurio

Dirección de arte
M. Oscar Taboada

Diseño y diagramación
Pablo César Vega Avendaño
Nicolás Duré

Guión
Emanuel Castro

Ilustraciones
Ignacio Segesso

Catalogación en la fuente

Castro, Emanuel
    Mandela / Emanuel Castro ; ilustraciones Ignacio Segesso. -- Montevideo, Rep. Oriental del Uruguay : Latinbooks International, 2017.
    80 p. : il. ; 17 x 26 cm. -- (Novelas Gráficas Bio)

    ISBN 978-9974-885-35-6

    1. NOVELAS GRÁFICAS. 2. BIOGRAFÍA. 3. NELSON MANDELA. I. Título. II. Serie. III. Segesso, Ignacio, ilust.
    CDD 741.5

Biografía no oficial

Derechos exclusivos:
© **2018 CYPRES S.A.**

Presente edición:
© **LATINBOOKS INTERNATIONAL S.A.**
Montevideo Rep. O. del Uruguay
info@latinbooksint.com
www.latinbooksint.com

ISBN: 978-9974-885-35-6

Impreso en China

Edición 2018

ÍNDICE

Capítulo 1
LA OTRA ÁFRICA

El pequeño Nelson se sentía impresionado. No sabía que solo a un día de caminata desde su aldea podía existir una casa tan lujosa.

REGENTE DALINDYEBO...

POR FAVOR, FANNY. MI CORAZÓN SE EMOCIONA AL VERTE AQUÍ.

Y TÚ ERES EL PEQUEÑO ROLIHLAHLA. IGUAL A TU PADRE. LAMENTO SU PREMATURA MUERTE. FUE UN GRAN HOMBRE.

¿Y CÓMO TE LLAMAN AHORA, ROLIHLAHLA?

A LOS BLANCOS LES ES IMPOSIBLE PRONUNCIAR NUESTROS NOMBRES EN LENGUA XHOSA, POR ELLO DEBEMOS ELEGIR UNO EN INGLÉS PARA QUE PUEDAN LLAMARNOS.

TÚ, ROLIHLAHLA. DESDE HOY TE LLAMARÁS NELSON.

BIEN, NELSON. EN HONOR A TU PADRE, DESDE HOY SERÁS TRATADO COMO MI HIJO. Y VIVIRÁS AQUÍ, EN CASA, CON MI FAMILIA.

Jongintaba Dalindyebo era el regente de todas las tribus del Transkei. El gobierno sudafricano blanco permitía que sus disputas fueran resueltas por ellos mismos.

Pero Jongintaba no estaba solo. Lo secundaban los amaphakati, o ancianos sabios, que lo asesoraban.

TENEMOS UN PROBLEMA. ¿PUEDES EXPLICARLO, BOMOKHU?

TODOS AQUÍ SABEMOS QUE HAY SEQUÍA. NUESTROS GANADOS MUEREN DE SED. MENOS LOS DEL JEFE NGONUME, PUES POR SUS TIERRAS TRANSCURRE UN RIACHO.

DESVIEMOS EL RIACHO HACIA LA MAYOR CANTIDAD DE ALDEAS POSIBLES.

SI ASÍ SE HICIERA, ALGUNOS ANIMALES SUYOS SOBREVIVIRÍAN, PERO EL AGUA NO ES SUFICIENTE Y NADA LLEGARÍA A MIS TIERRAS, TODOS MIS ANIMALES MORIRÍAN.

¿ES JUSTO ESO, REGENTE JONGINTABA?

Se pusieron de pie en silencio. El gran jefe Jongintaba no había hablado en toda la sesión.

Hasta ahora.

HEMOS LLEGADO A UNA DECISIÓN. QUE TODAS LAS ALDEAS ARREEN SUS GANADOS A LA PARTE DEL RIACHO QUE MÁS CERCA LES QUEDE.

ASÍ TODOS LOGRARÁN BEBER EL AGUA Y SOBREVIVIR.

Aquello estalló. A nadie se le hubiera ocurrido tal decisión. Como correspondía a su rango, el gran jefe había encontrado una solución justa.

YA LO VES, HIJO MÍO. EL LÍDER ES COMO UN PASTOR QUE PERMANECE DETRÁS DEL REBAÑO.

PERMITE QUE LOS MÁS ÁGILES VAYAN POR DELANTE, TRAS LO CUAL LOS DEMÁS LOS SIGUEN, SIN DARSE CUENTA DE QUE EN TODO MOMENTO ESTÁN SIENDO DIRIGIDOS DESDE ATRÁS.

Jongintaba era un gran jefe. Sabía cómo recompensar a aquellos que habían recorrido a pie largas distancias para participar en la audiencia.

Pero en otra habitación, los amaphakati hacían una reunión acorde a su rango.

PRONTO MORIRÉ. ESO NO ME ENTRISTECE. TODOS MORIMOS TARDE O TEMPRANO.

Nelson no se animaba a entrar, pero quería oír a los sabios.

SOLO ME ENTRISTECE NO VER EL ÁFRICA QUE VI Y OÍ EN MI JUVENTUD.

NUESTROS HÉROES, COMO SEKUHUNE, REY DE LOS BAPEDI, YA NO VOLVERÁN.

O LOS GUERREROS DEL REY NGANGELIZWE, QUE COMBATIERON AL INVASOR BLANCO CON SU VALENTÍA Y SUS LANZAS. ¡ZAS! ¡ZAS! ¡ZAS!

¡ZAS! ¡ZAS! ¡ZAS!

* HOMBRE BLANCO

ELLOS NOS ROBARON LA TIERRA. LA TIERRA QUE PERTENECÍA A TODOS LOS AFRICANOS.

¿QUÉ ESTÁS HACIENDO AQUÍ? NO ESTÁN PERMITIDOS LOS NIÑOS ENTRE LOS AMAPHAKATI.

NO ENTIENDO. ¿QUÉ PASÓ ANTES DE LOS ABELUNGU? EN LA ESCUELA ME ENSEÑARON QUE SUDÁFRICA COMENZÓ EN 1652 CON LA LLEGADA DE JAN VAN RIEBEECK.

EL NIÑO SOLO DICE LO QUE LE DIJERON EN LA ESCUELA.

LA HISTORIA DE LOS PUEBLOS BANTÚ SE REMONTA MUCHO MÁS ALLÁ EN EL TIEMPO.

EN UNA TIERRA DE LAGOS Y VERDES LLANURAS QUE, LENTAMENTE, A LO LARGO DE MILENIOS SE ABRIERON CAMINO HASTA EL EXTREMO DEL CONTINENTE.

Nelson jamás había oído hablar de esto. Su pensamiento sobre el mundo acababa de dar un vuelco sin vuelta atrás.

Capítulo 2
PALABRAS RADICALES

Nelson cumplía veinte años. El gran jefe Jongintaba se hizo cargo de sus estudios universitarios.

Y fue enviado a Fort Hare, el centro universitario más grande al sur del ecuador africano.

¡EH, NELSON! ¿TE HAS ENTERADO? ¡LOS ALEMANES HAN INVADIDO POLONIA! ¡ESTO ES LA GUERRA!

Llegó fin de año y la ceremonia de graduación. Pero ese año, era algo especial. Jan Smuts, ex primer ministro, había sido invitado a hablarles. Todo un honor para Fort Hare.

ESTIMADOS ALUMNOS, EL MUNDO HA ENTRADO EN GUERRA.

Y SUDÁFRICA DEBE APOYAR AL REINO UNIDO EN ESTA LUCHA CONTRA EL NAZISMO.

11

INGLATERRA REPRESENTA LOS VALORES OCCIDENTALES QUE NOSOTROS, LOS SUDAFRICANOS, DEFENDEMOS.

¡CÓMO ADMIRO A ESTE HOMBRE!

Por la noche esperaba ansiosamente los discursos, las noticias, en las emisiones de onda corta de la BBC.

UNO DE NUESTROS BUQUES HA SIDO HUNDIDO EN ALTA MAR POR TORPEDOS LANZADOS POR LOS LLAMADOS U-BOOT, UN PEQUEÑO SUBMARINO DIFÍCIL DE DETECTAR.

OH, DIOS...

CREO QUE VAMOS PERDIENDO.

12

PERDIENDO, GANANDO. ME DA LO MISMO.

NOSOTROS TENEMOS LA FORTUNA DE ESTAR EDUCADOS. PODEMOS CONSIDERARNOS "INGLESES NEGROS".
PERO LOS INGLESES NOS HAN OPRIMIDO A LA VEZ QUE INTENTAN "CIVILIZARNOS".

ESOS BRITÁNICOS DE PORQUERÍA. SMUTS ES UN RACISTA IGUAL QUE TODOS ELLOS.

¿PERO... DE QUÉ ESTÁS HABLANDO?

POR GRANDE QUE SEA LA RIVALIDAD ENTRE BÓERS Y BRITÁNICOS, LOS DOS GRUPOS BLANCOS SE UNIRÍAN PARA HACERLE FRENTE A LA AMENAZA DE LOS NEGROS.

TUS PALABRAS SUENAN PELIGROSAMENTE RADICALES, NYATHI. ¿ACASO TE HAS CONVERTIDO EN UN REVOLUCIONARIO?

ALGO DE ELLOS HE OÍDO. PERO NO SÉ BIEN QUIÉNES SON.

ES QUE NYATHI KONGISA ES MIEMBRO DEL CONGRESO NACIONAL AFRICANO.

13

LO LLAMAN CNA, ES EL MOVIMIENTO NEGRO MÁS ANTIGUO DE SUDÁFRICA, CREADO EN 1912.

VAYA, NO LO SABÍA. NI EN QUNU, MI ALDEA, NI EN MQHEKEZWENI, DONDE PASÉ MI ADOLESCENCIA, TAMPOCO.

SIEMPRE LUCHARON POR LA IGUALDAD ENTRE BLANCOS Y NEGROS. AUNQUE...

...A DECIR VERDAD, SE HAN OXIDADO BASTANTE CON EL PASO DEL TIEMPO.

HASTA HOY, NO HAN LOGRADO TANTAS CONQUISTAS COMO SE LO PROPUSIERON EN UN PRINCIPIO. MÍRANOS CÓMO ESTAMOS.

SI TE INTERESA, PUEDES HABLAR CON PAUL MAHABANE. ¿LO CONOCES?

CLARO. HEMOS CONVERSADO UN PAR DE VECES.

PUES BIEN, SU PADRE, EL REVERENDO ZACCHEUS MAHABANE, HA SIDO DOS VECES PRESIDENTE DEL PARTIDO.

15

Aquel día, Nelson comenzó a comprender que un hombre negro no tenía por qué tolerar los pequeños abusos a los que era sometido día a día.

Capítulo 3
UN PAÍS MEJOR

1942. La guerra continúa lejana, aunque ha tocado el norte de África.

NELSON, ¿PODRÍAS REDACTARME ESTE ESCRITO? ES DEL CASO WALTON, EXPEDIENTE 3563/7.

Eso no ha impedido que Nelson terminara sus estudios como abogado por correspondencia en la Universidad de Sudáfrica y obtuviera su primer empleo en el estudio de Witkin, Sidelsky y Eidelman.

POR SUPUESTO, SEÑOR. ¿POR QUÉ NO ME LLAMÓ A BUSCARLO?

¿QUIERES DECIR QUE POR QUÉ TE LO HE TRAÍDO PERSONALMENTE?

SÍ, SEÑOR. ESO QUIERO DECIR.

PUES, EN REALIDAD NO LO HABÍA PENSADO. ¿SE SUPONE QUE LA GENTE DE COLOR TIENE QUE HACER DE MANDADERO DE LOS BLANCOS?

ESO SE SUPONE, SEÑOR.

19

Gaur Radebe estaba en lo cierto. Nelson iba aprendiendo cosas y no precisamente pequeñas. Aún habiendo asistido al consejo solo como observador.

Año 1943. Nelson Mandela se matricula en la Universidad de Witwatersrand. Se siente extraño e incómodo. Es el único negro de su clase.

Sin embargo, pronto descubre que para los alumnos, el color no hace la distinción, sino el hombre.

¡POR TODOS LOS DIOSES! ¡HEMOS ESTADO TAN DISTRAÍDOS QUE NO LLEGAREMOS A TIEMPO A CLASE!

¡ALCANCEMOS ESE TRANVÍA!

TRES BOLETOS, POR FAVOR.

Nelson Mandela terminó por unirse abiertamente al CNA. Eso lo llevó a asistir a las reuniones que solía ofrecer Walter Sisulu, miembro activo del Congreso.

SEÑORES, ATENCIÓN. EL DOCTOR LEMBEDE QUIERE DECIR UNAS PALABRAS. DOCTOR, POR FAVOR.

Nelson envidiaba la autoridad académica de Lembede, doctor en Arte y Licenciado en Derecho. Sabía que lo que oiría en boca de ese hombre sería lo justo y necesario.

ÁFRICA ES EL CONTINENTE DEL HOMBRE NEGRO Y ES TAREA DE LOS AFRICANOS REAFIRMARSE Y REIVINDICAR LO QUE ES SUYO POR DERECHO.

DETESTO LA IDEA DEL COMPLEJO DE INFERIORIDAD DE LOS AFRICANOS. ME PRODUCE TAMBIÉN RECHAZO LA ADORACIÓN A OCCIDENTE Y SUS IDEAS.

A partir de aquel momento se volvieron inseparables.

Capítulo 4
VIAJE A LAS RAÍCES

1948. El Partido Nacional, presidido por el reverendo Malan ha ganado las elecciones. Elecciones solo para blancos. El apartheid se profundiza.

CAMARADAS DEL CONGRESO NACIONAL AFRICANO...

NO SOLO SE NOS REQUIERE EL "PASE" EN LA CALLE POR CUALQUIER EXCUSA SINO QUE ADEMÁS, AHORA NO SE NOS PERMITE EL TRÁNSITO POR LOS BARRIOS DE BLANCOS.

HA LLEGADO LA HORA DE ACTUAR, DE MANIFESTARNOS DE MANERA NO VIOLENTA CONTRA ESTAS BRUTALIDADES.

Nelson Mandela ha trabajado con tanto ahínco dentro del Congreso que llega a formar parte del Comité Ejecutivo.

EL DOCTOR MOROKA, VETERANO MIEMBRO DE ESTE COMITÉ, NO ESTÁ DE ACUERDO, PERO NO SOMOS SOLO MOROKA, SOMOS CIEN MIL LOS MIEMBROS DEL CNA.

POR ESO PROPONGO UNA ACCIÓN NO VIOLENTA PARA MAÑANA. NECESITO VOLUNTARIOS QUE SEPAN QUE SERÁN DETENIDOS POR ENTRAR A LOS GUETOS BLANCOS.

Al día siguiente, comienza la manifestación.

Más de doscientas personas son detenidas.

¡MAYIBUYE AFRIKA*!

ERA ESPERABLE. PERO YO MISMO SERÉ VOLUNTARIO PARA LA PRÓXIMA JORNADA.

¡NELSON MANDELA!

¡ESTÁS DETENIDO!

* QUE VUELVA ÁFRICA.

31

Y a los tres días, el juicio comenzó.

QUE PASE A DECLARAR EL PRIMER ACUSADO, DOCTOR JAMES MOROKA.

SE SABE DE INFILTRADOS COMUNISTAS EN EL CNA. ¿PODRÍA IDENTIFICAR AQUÍ QUIENES SON, DOCTOR?

SÍ. MBENI, SINKAL, SALUSU, AKIBE...

SUFICIENTE, DOCTOR MOROKA.

OH, DIOS...

Días más tarde el juicio llegó a su final.

LOS DECLARO CULPABLES Y LOS CONDENO A NUEVE MESES DE CÁRCEL Y TRABAJOS FORZADOS.

PERO DADO EL CARÁCTER NO VIOLENTO, LA SENTENCIA QUEDA EN SUSPENSO POR DOS AÑOS.

Muchas cosas han pasado hasta este 1961. El divorcio de Evelyn, otro juicio de cuatro años en que Nelson es declarado inocente y un segundo matrimonio con Winnie Madikizela.

La política del apartheid se acentúa y la proscripción del CNA ha obligado a Nelson a ocultarse en una granja.

LO HE MEDITADO MUCHO Y NECESITO DE SU OPINIÓN. CREO QUE LA LUCHA NO VIOLENTA HA LLEGADO A SU FIN.

EL CNA DEBE CONTAR CON UN BRAZO ARMADO QUE PROVOQUE DESESTABILIDAD EN EL GOBIERNO. ¿ESTÁN DE ACUERDO?

¡SÍ!

BIEN. LO LLAMAREMOS UMKHONTO WE SIZWE*. ESTA GRANJA SERÁ SU SEDE Y YO PASARÉ A LA CLANDESTINIDAD PARA ORGANIZARLO.

* LA LANZA DE LA NACIÓN.

Días después, antes de la conferencia, Nelson fue conducido a la pequeña ciudad de Debra Zaid para presenciar un acto oficial.

Y de pronto, apareció Él, al frente de su ejército que le rendía homenaje. Haile Selassie, el emperador de Etiopía, el Rey de Judea.

Entonces su corazón se estrujó. Era la primera vez en su vida que veía soldados negros, generales negros, líderes negros

Cumplida su misión en Etiopía, Nelson supo que estaba a un paso de cumplir un sueño de joven.

Conocer Egipto.

Parecía un niño. Tomaba nota de todo.

Aquello era lo que estaba buscando.

Las pruebas con las que combatir las falsas afirmaciones de que los africanos carecían de un pasado civilizado.

Los egipcios creaban obras de arte cuando los occidentales aún vivían en cuevas.

Pero las cosas no resultan como esperaban. Al regresar a Sudáfrica, Nelson es detenido y juzgado culpable de terrorismo junto a cuatro dirigentes del CNA. Son confinados a la prisión de Robben Island...

El pasillo no era muy grande, las celdas estaban juntas, no era difícil escucharse entre ellos.

NELSON, DEBEMOS APELAR LA SENTENCIA.

Ellos son Raymond Mahlaba...

Capítulo 5
ROBBEN ISLAND

NO.

¿POR QUÉ?

PORQUE ESO SIGNIFICARÍA QUE NOS HAN DERROTADO O QUE NEGAMOS CUALQUIER HECHO QUE NOS CONDENARA. NO SOMOS INOCENTES.

SOMOS ACTIVISTAS, LUCHADORES POR LA LIBERTAD DEL PUEBLO NEGRO. AUNQUE TE PAREZCA EXTRAÑO, ES UN HONOR SER PRISIONERO.

...Walter Sisulu...

ESTOY DE ACUERDO CON NELSON.

Andrew Mlangeni y Ahmed Kathrada eran el resto del grupo.

Pasan los meses. Sigue sin recibir noticias de su familia.

JA, JA, JA...

¡MANDELA! ¡CARTA DE TU ESPOSA!

Pronto conoció el juego de los guardias y no iba a darles el gusto de verlo sufrir y desesperarse.

¿AH, SÍ? PUES DÉJALA POR AHÍ. SI QUIERES.

BAH. NO ME INTERESA LO QUE PUEDA DECIRTE, DESPUÉS DE TODO.

PERO.

¡SOPÓRTALO, DEMONIOS! SI NO ERES FUERTE, ESTO TE HARÁ CRECER LOS MÚSCULOS.

FUISTE BOXEADOR. SABES QUE LOS MÚSCULOS SE HACEN TAMBIÉN CON UNA BUENA ALIMENTACIÓN, NO CON LA BASURA QUE NOS SIRVEN AQUÍ.

ESCUCHA. ES UNA SUERTE QUE NOS HAYAN TRAÍDO A LA CANTERA. ¿NO LO VES?

43

MIREN.

¿QUÉ TIENE DE EXTRAORDINARIO? ES SOLO UNA CAJA DE CERILLAS. Y PARA PEOR, VACÍA.

PODRÍAMOS ESCONDER NUESTROS MENSAJES A LOS PRISIONEROS COMUNES EN ELLAS Y VICEVERSA.

NO ES UN MEDIO SEGURO.

ESO ES LO BUENO. LOS GUARDIAS SUELEN ARROJARLAS EN LA CANTERA O EN EL CAMINO HACIA ELLA.

CLARO QUE NO. PERO ES POSIBLE. MAÑANA EN LA CANTERA LES AVISAREMOS A LOS MUCHACHOS. ¿ESTÁN DE ACUERDO?

AUMMMM...

46

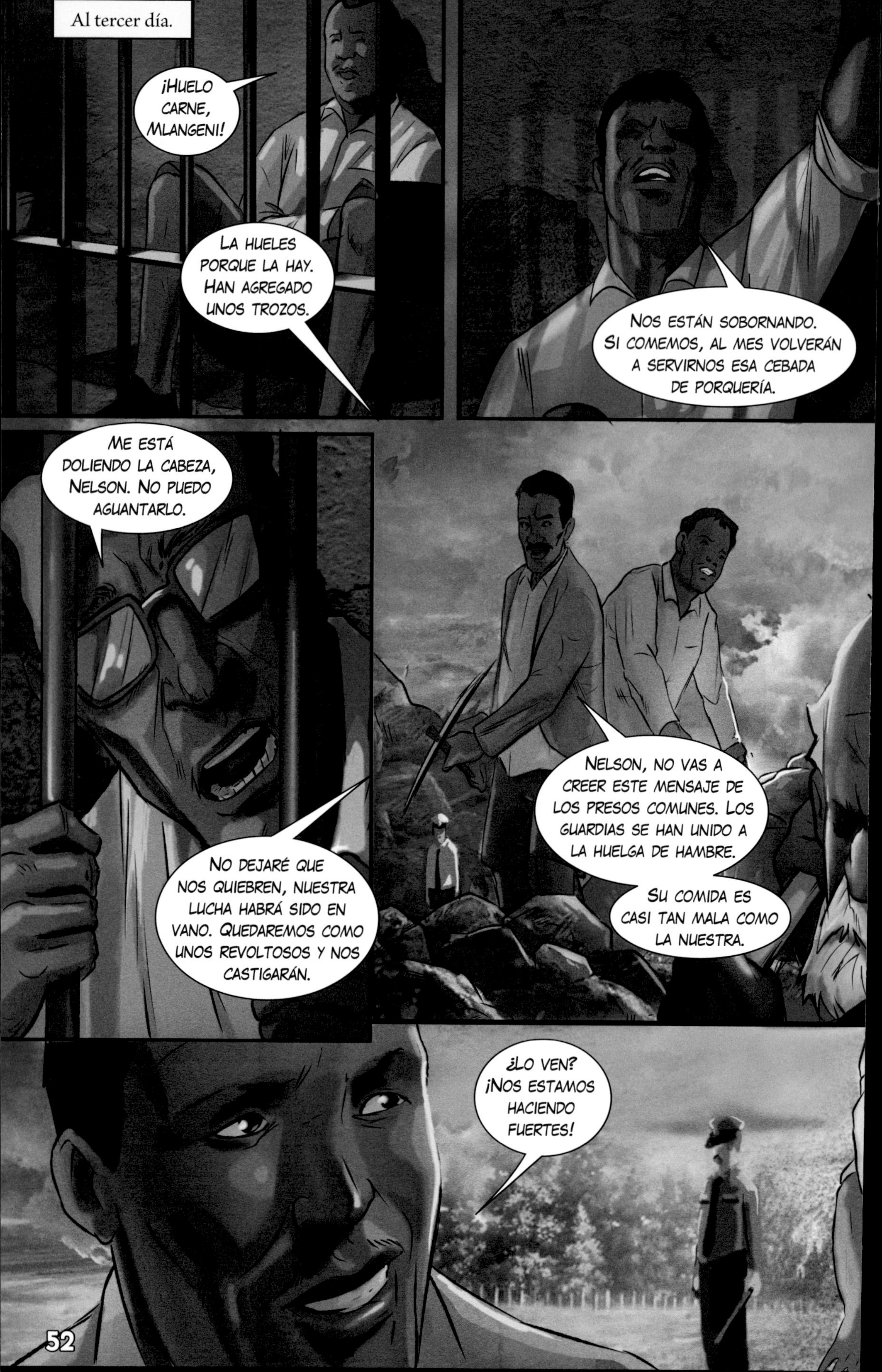

Al tercer día.
¡HUELO CARNE, MLANGENI!
LA HUELES PORQUE LA HAY. HAN AGREGADO UNOS TROZOS.
NOS ESTÁN SOBORNANDO. SI COMEMOS, AL MES VOLVERÁN A SERVIRNOS ESA CEBADA DE PORQUERÍA.
ME ESTÁ DOLIENDO LA CABEZA, NELSON. NO PUEDO AGUANTARLO.
NO DEJARÉ QUE NOS QUIEBREN, NUESTRA LUCHA HABRÁ SIDO EN VANO. QUEDAREMOS COMO UNOS REVOLTOSOS Y NOS CASTIGARÁN.
NELSON, NO VAS A CREER ESTE MENSAJE DE LOS PRESOS COMUNES. LOS GUARDIAS SE HAN UNIDO A LA HUELGA DE HAMBRE.
SU COMIDA ES CASI TAN MALA COMO LA NUESTRA.
¿LO VEN? ¡NOS ESTAMOS HACIENDO FUERTES!

Dos semanas después, la prisión de Robben se había hecho incontrolable. El director mandó a formar en el patio a guardias, presos comunes y políticos.

LA DIRECCIÓN DE ESTE CORRECCIONAL HA DECIDIDO OFRECER ALGUNOS BENEFICIOS PARA PERSONAL Y CONVICTOS.

PROMETO, EN MI NOMBRE, QUE LA COMIDA MEJORARÁ SUSTANCIALMENTE PARA TODO AQUEL QUE VIVA O TRABAJE TRAS ESTAS PAREDES.

Aquello fue celebrado por Nelson Mandela como una victoria política.

¡ALTO! ¿QUÉ CREEN QUE ESTÁN HACIENDO? ¡SEPÁRENSE O LOS FRÍO A TODOS!

Capítulo 6
AFRIKA MAYIBUYE

Para 1988 la situación de Nelson Mandela había cambiado drásticamente. Lo habían trasladado a una casa con ventanas, piscina y rodeada de árboles, en los fondos de otra prisión.

Pero también había cambiado el exterior. La lucha armada recrudecía. Y no solo la del CNA sino de otros grupos mucho más radicales.

Quizá el presidente Botha creyera que Nelson podría hacer algo para traer algo de paz.

Y se convocó a Nelson Mandela a una reunión secreta encabezada por el ministro de Justicia, Coetsee.

ESTAMOS INTERESADOS EN COMENZAR NEGOCIACIONES CON USTED, DOCTOR MANDELA. PERO PREVIAMENTE DEBE HACER QUE ACABEN LA LUCHA ARMADA.

SÉ QUE USTED ES EL JEFE DE INTELIGENCIA, DOCTOR BARNARD. ¿ESTÁ AQUÍ PARA ESPIARME? LE ADVIERTO QUE NADA TENGO QUE OCULTAR.

COMO JEFE DE INTELIGENCIA DEBO CUIDAR QUE ESTAS NEGOCIACIONES LLEGUEN A BUEN TÉRMINO. ME CONSIDERO SU AMIGO, MANDELA. CRÉEME.

De acuerdo, pero no soy yo quien deba dar el primer paso.
El presidente del CNA no soy yo, sino el doctor Tambo. Ahora está en Lusaka, vayan allá y pregúntenle a él.
Si él está de acuerdo, dígale que yo también. Pero hay algo en que no cederemos.
Fuimos nosotros, los negros, quienes sufrieron la primera agresión del Estado. Es el Estado quien debe comenzar a dar las primeras señales.
En cuanto juzguemos que sus señales son suficientes, las negociaciones abiertas comenzarán. Eso sí puedo prometerlo ahora mismo. Es mi palabra.

Para 1989, el teniente general Willemse lo invitó a dar un paseo. Nelson se sorprendió al llegar al palacio presidencial.

DOCTOR MANDELA...

¡PRESIDENTE BOTHA!

CLARO QUE PUEDO AYUDARLO, SEÑOR PRESIDENTE. PERO ES EL GOBIERNO QUIEN DEBE DAR EL PRIMER PASO. HAY QUE LIBERAR A TODOS LOS PRESOS POLÍTICOS.

MUCHO ME TEMO QUE NO PODRÉ HACERLO, DOCTOR MANDELA.

Y un mes más tarde...

SEÑORES, MI RENUNCIA A LA PRESIDENCIA ES POLÍTICA.

No pasa mas de un día cuando de Klerk...

JURO COMO PRESIDENTE DE LA REPÚBLICA DE SUDÁFRICA Y REAFIRMO MI COMPROMISO CON EL CAMBIO Y LAS REFORMAS SOCIALES.

SIENTO QUE HE PERDIDO VUESTRO APOYO Y ACUSO AL PARLAMENTO DE HABERLE HECHO EL JUEGO AL CONGRESO NACIONAL AFRICANO.

El 2 de febrero de 1990, durante el discurso inaugural del Parlamento...

DECRETO LA LEGALIZACIÓN DEL CNA COMO PARTIDO POLÍTICO, LA LIBERACIÓN DE LOS PRESOS POLÍTICOS POR ACTIVIDADES NO VIOLENTAS, LA ABOLICIÓN DE LA PENA CAPITAL Y EL LEVANTAMIENTO DEL ESTADO DE SITIO.

HA LLEGADO LA HORA DE LAS NEGOCIACIONES.

Los diez mil días de cárcel para Nelson Mandela han terminado.

NO PODREMOS PASAR CON ESTA MULTITUD.

NO PUEDO CREERLO. ESTO ES TAN... TAN MARAVILLOSO...

GIRE POR AQUÍ. LA GENTE ESPERA QUE ENTREMOS AL AYUNTAMIENTO POR LA PUERTA PRINCIPAL. ENTRAREMOS POR DETRÁS.

Fue el día más emocionante de su vida.

¡AMANDLA!

¡NGAWETHU!

¡AFRIKA!

¡MAYIBUYE!

59

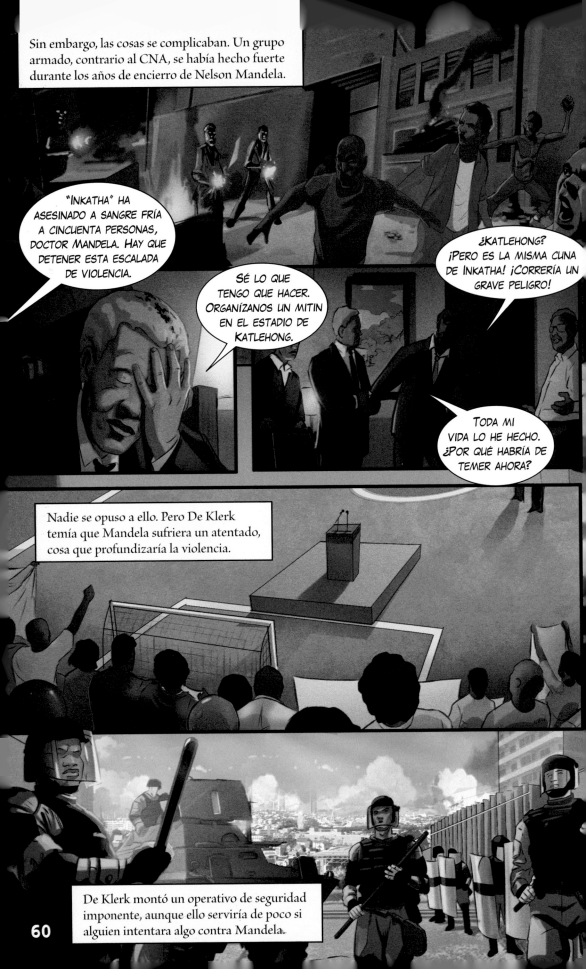

Sin embargo, las cosas se complicaban. Un grupo armado, contrario al CNA, se había hecho fuerte durante los años de encierro de Nelson Mandela.

"INKATHA" HA ASESINADO A SANGRE FRÍA A CINCUENTA PERSONAS, DOCTOR MANDELA. HAY QUE DETENER ESTA ESCALADA DE VIOLENCIA.

SÉ LO QUE TENGO QUE HACER. ORGANÍZANOS UN MITIN EN EL ESTADIO DE KATLEHONG.

¿KATLEHONG? ¡PERO ES LA MISMA CUNA DE INKATHA! ¡CORRERÍA UN GRAVE PELIGRO!

TODA MI VIDA LO HE HECHO. ¿POR QUÉ HABRÍA DE TEMER AHORA?

Nadie se opuso a ello. Pero De Klerk temía que Mandela sufriera un atentado, cosa que profundizaría la violencia.

De Klerk montó un operativo de seguridad imponente, aunque ello serviría de poco si alguien intentara algo contra Mandela.

60

¡ÓIGANME TODOS!

EL PRIMER GRAN PROBLEMA ES QUE NI LA POLICÍA, NI EL GOBIERNO NI EL EJÉRCITO PARECEN DISPUESTOS A PROTEGER A NUESTRA GENTE.

PARA ELLOS LA VIDA DE LOS NEGROS NO VALE NADA. ES COMO SI NUESTROS MUERTOS FUERAN MOSCAS.

EN ESTOS MOMENTOS TENEMOS GENTE DE LOS NUESTROS QUE PARTICIPA DEL ASESINATO DE PERSONAS INOCENTES.

PARA NOSOTROS NO ES FÁCIL DECIR A LOS DE NUESTRAS PROPIAS FILAS QUE NO DEBEN RECURRIR A LA VIOLENCIA CUANDO SABEMOS LO FURIOSOS QUE ESTÁN.

61

PERO LA SOLUCIÓN PASA POR LA PAZ, POR LA RECONCILIACIÓN Y POR LA TOLERANCIA POLÍTICA.

DEBEMOS ACEPTAR QUE LA RESPONSABILIDAD DE LA VIOLENCIA NO ES SOLAMENTE DEL GOBIERNO, LA POLICÍA Y EL EJÉRCITO, SINO TAMBIÉN NUESTRA.

DEBEMOS PONER ORDEN EN NUESTRA PROPIA CASA.

SI NO TIENEN DISCIPLINA, NO SON VERDADEROS LUCHADORES POR LA LIBERTAD, Y SI PRETENDEN MATAR INOCENTES, ENTONCES NO PERTENECEN AL CNA.

¿QUIEREN QUE SIGA SIENDO SU LÍDER?

¡SÍ!

MANDELA

MANDELA

¡ENTONCES LUCHEN JUNTO A MÍ POR LA PAZ!

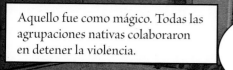

Aquello fue como mágico. Todas las agrupaciones nativas colaboraron en detener la violencia.

CABALLEROS, NOS HEMOS REUNIDO AQUÍ PARA RATIFICAR LA PRIMERA CONSTITUCIÓN DEMOCRÁTICA DEL PAÍS.

Y ESTO NO ES SOLO OBRA MÍA, SINO DE NUESTRO PRESIDENTE...

DOCTOR FREDERIK DE KLERK.

GRACIAS, PERO NO LO HE HECHO PARA PASAR A LA HISTORIA, SINO PARA PACIFICAR NUESTRO ENSANGRENTADO PAÍS.

A PARTIR DE AHORA, BLANCOS Y NEGROS SERÁN IGUALES ANTE LA LEY.

SE PONDRÁ FIN A CUARENTA Y CINCO AÑOS DE APARTHEID Y TRES SIGLOS DE DOMINIO POR PARTE DE LA MINORÍA BLANCA.

SE ESTABLECE QUE HABRÁ ELECCIONES GENERALES PARA TODOS LOS PARTIDOS EL DÍA 27 DE ABRIL.

SERÁ UN GOBIERNO DE COALICIÓN Y SE ASIGNARÁN LOS CARGOS PROPORCIONALMENTE AL NÚMERO DE VOTOS OBTENIDOS POR CADA PARTIDO.

En verdad, la liberación le había traído más problemas que soluciones.

Interminables reuniones con antagonistas políticos, viajes y entrevistas con líderes mundiales hicieron que se resquebrajara su relación con Winnie. Pero no estaba solo. Tenía a sus hijos. Y algo más...

¿SEÑOR MANDELA? ¿ESTÁ DESPIERTO? HAY UN LLAMADO IMPORTANTE PARA USTED.

PÁSAMELO A ESTA LÍNEA ¿QUIERES?

¿CÓMO?

En efecto, había ganado el premio Nobel de la Paz compartido con de Klerk.

APROVECHO ESTE MOMENTO PARA RATIFICAR QUE NUNCA HUBO UN PREMIO TAN MERECIDO COMO EL QUE HOY SE LE HA CONCEDIDO TAMBIÉN AL DOCTOR FREDERIK DE KLERK.

TUVO EL CORAJE DE ADMITIR QUE SE HABÍA COMETIDO UNA GRAN INJUSTICIA CONTRA NUESTRO PAÍS Y NUESTRO PUEBLO CON LA IMPOSICIÓN DEL APARTHEID.

TUVO EL ALCANCE DE MIRAS SUFICIENTE COMO PARA COMPRENDER Y ACEPTAR QUE TODOS LOS HABITANTES DE SUDÁFRICA DEBEN DETERMINAR CONJUNTAMENTE CUÁL DESEAN QUE SEA SU FUTURO.

PERO ANTES DE QUE NUESTRAS COMISIONES SE REÚNAN PARA LOS DETALLES, ME GUSTARÍA HABLAR UN MINUTO A SOLAS CON USTED.

TOME ASIENTO, POR FAVOR.

¿GUSTA UN TÉ, GENERAL?

OH, SÍ. GRACIAS.

¿LO PREFIERE CON LECHE?

¿POR QUÉ NO?

¿AZÚCAR?

¡DIOS! ¿ME PERMITIRÁ REVOLVERLO, AL MENOS?

Supo de inmediato que el duro general Viljoen estaba aprendiendo a confiar en su eterno enemigo.

La intención de Nelson Mandela de no demostrar rencor tenía el éxito que esperaba.

Las primeras elecciones democráticas de la historia de Sudáfrica se fijaron entre los días 26 y 29 de abril de 1994.

Por primera vez, la población negra votaba junto a sus compatriotas blancos.

ES MARAVILLOSO, ¿NO CREEN? SIEMPRE LO IMAGINÉ, SÍ, SIEMPRE. PERO NO CREÍ QUE LLEGARÍA A VERLO.

¡SEÑOR MANDELA! ¡POR FAVOR!

La victoria fue aplastante. 62 por ciento. Nelson Mandela se había convertido en el primer presidente negro de Sudáfrica.

Y así, un premio Nobel de la Paz, encargaba a su amigo, el arzobispo Desmond Tutu, otro premio Nobel de la Paz, la presidencia de la Comisión para la Verdad y la Reconciliación.

Se decretó que absolutamente todos los niños de las escuelas recibieran un pan con mantequilla para palear el hambre instalada desde siglos en el país.

La economía tuvo un impulso de tal magnitud que se formó una clase antes inexistente, la gran clase media negra.

NELSON MANDELA

Además del Nobel, recibió innumerables premios internacionales y doctorados *honoris causa* en otras tantas universidades, así como una estatua de bronce en su honor en la ciudad de Londres.

Por siglos será recordado el nombre de Nelson Mandela y su legado: la lucha por la justicia y la libertad.

69

LÍNEA DE TIEMPO

1918

Nace el 18 de Julio de 1918, en la aldea de Mvezo, con el nombre de Rolihlahla Mandela. Es hijo del principal asesor del Rey de los Thembu. En 1925 asiste a la escuela, donde su maestra lo rebautiza como Nelson.

1930

Muere su padre y es entregado al cuidado del Regente Thembu, Jongintaba Dalindyebo. En 1934 asiste al instituto Clarkebury. En 1937, al Wesleyan College. En 1939 se inscribe en el University College de Fort Hare.

1940

Es expulsado por sumarse a una protesta estudiantil. En 1941 se muda a Johannesburgo, escapando de un matrimonio arreglado. Conoce a Walter Sisulu y en 1942 trabaja en el estudio de abogados de Lazer Sidelsky. En 1943, completa sus estudios por la Universidad de Sudáfrica. En 1944 es cofundador de la Liga Juvenil del Congreso Nacional Africano (CNA) y se casa por primera vez. Comienza sus estudios de Leyes, que abandonará y retomará durante años.

1950

Primeras condenas por su actividad política. En 1952 es sentenciado a nueve meses de trabajos forzados, por una campaña de desobediencia civil contra leyes injustas. En 1953 diseña el plan para las futuras acciones clandestinas del CNA. Es arrestado nuevamente en 1955, fue absuelto en 1956, después del juicio.

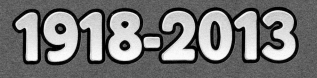

1918-2013

1960	1980	1990	2000

Proscripción del CNA, pase a la clandestinidad. En 1961 funda el brazo armado del CNA, Umkhonto we Sizwe. En 1962 viaja para obtener entrenamiento militar en Marruecos y Etiopía. Arrestado a su regreso a Sudáfrica y sentenciado a 5 años de prisión. En 1963, Juicio de Rivonia. Es sentenciado a cadena perpetua en 1964 y enviado a Robben Island.

En 1982, es trasladado a la prisión de Pollsmoor. En 1985, rechaza la primera oferta de liberación del presidente Botha. En 1988, después de varios problemas de salud y de ser diagnosticado con tuberculosis, es enviado a la prisión Victor Verster, donde pasa 14 meses recluido en una cabaña. En 1989 obtiene su título en leyes por la Universidad de Sudáfrica.

Fin de la proscripción al CNA. Es liberado de prisión y elegido Presidente del CNA. En 1993 recibe el Premio Nobel de la Paz, compartido con el Presidente de Clerk. En 1994 vota por primera vez en su vida al igual que el resto de la población negra de Sudáfrica. Es elegido Presidente de la República de Sudáfrica. En 1999 termina su mandato y se retira de la actividad política.

En 2003 inaugura la Fundación Mandela Rhodes. En 2004 se retira de la vida pública. En 2008 pide a las generaciones futuras que continúen luchando por la justicia social. Fallece el 5 de diciembre de 2013 en Johannesburgo.

Fuente: www.nelsonmandela.org/content/page/timeline

GLOSARIO

Apelar: Recurrir a un tribunal superior para que se anule una sentencia.

Amandla ngawethu: Fórmula en idioma zulu, que significa "El poder para el pueblo".

Bantustán: Territorio segregado para habitantes no blancos de Sudáfrica, establecido durante el apartheid.

Bóer: Grupo de origen neerlandés, que se asentó en el territorio de Sudáfrica y Namibia en el siglo XVII. Fueron la minoría blanca dominante en el territorio hasta el fin del apartheid, en 1992.

Boicot: Presión que se ejerce sobre una entidad, dificultando o interrumpiendo su accionar normal.

Clandestinidad: Situación de lo que se hace de forma ilegal o secreta.

Coalición: Alianza, unión, en especial las que se forman con objetivos militares o de gobierno.

Gueto: Barrio aislado en el que habita una comunidad determinada.

Inflación: Aumento generalizado de los precios en una economía.

Proscripción: Prohibición de la actividad de un partido político.

Transkei: Región al sureste de Sudáfrica, históricamente ligada a la etnia Xhosa. En 1963 fue el primer bantustán establecido en Sudáfrica.

¿QUIÉN FUE NELSON MANDELA?

Nelson Mandela fue una de las figuras políticas más relevantes del siglo XX y un ejemplo para el mundo de la búsqueda de la paz.

Nació en 1918 y desde temprana edad tuvo como referentes inmediatos a los líderes de su tribu, los Thembu.

Comenzó su propia actividad política a los 24 años, cuando se unió al Congreso Nacional Africano (CNA), una organización que realizaba campañas pacíficas contra el sistema del Apartheid, que sometía a la población negra de Sudáfrica a condiciones de discriminación y explotación. En 1943 fundó la Liga Juvenil del CNA, llevando a cabo campañas de desobediencia civil ante las decisiones arbitrarias y discriminadoras del gobierno contra la población negra. Durante estos años sufrió detenciones y condenas a trabajos forzados.

En los años 60, la actividad política del CNA fue prohibida y Nelson Mandela pasó a formar una facción armada del partido, para resistir la represión gubernamental. Como parte de su formación militar viajó clandestinamente a Etiopía, único país africano que nunca había sufrido el colonialismo europeo. A su regreso fue apresado y condenado a reclusión perpetua en el famoso Juicio de Rivonia. Fue enviado a Robben Island, donde pasaría recluido más de 20 años.

En 1990 fue liberado, después del levantamiento de la proscripción al CNA. En 1993 recibió el Premio Nobel de la Paz y en 1994 fue elegido como el primer presidente negro de la República de Sudáfrica.

Durante su presidencia dio un ejemplo de perdón a quienes habían abusado tantos años de su pueblo, en pos de la reconstrucción pacífica de su nación. Sus palabras durante el Juicio de Rivonia, en 1964, son un ejemplo cabal del objetivo de su vida: "He luchado contra la dominación blanca y he luchado contra la dominación negra. He anhelado el ideal de una sociedad democrática y libre en la que todas las personas vivan juntas en armonía y con igualdad de oportunidades. Es un ideal por el cual espero vivir y alcanzar. Pero si es necesario, es un ideal por el que estoy preparado para morir".

SUDÁFRICA Y EL APARTHEID

En *afrikaans*, la variante del holandés empleada en Sudáfrica, "Apartheid" significa "separación". Fue un sistema de segregación racial aplicado en Sudáfrica desde el año 1948 y hasta 1990.

En aquella época, la población blanca en Sudáfrica era apenas del 21%, pero desde el siglo anterior había impuesto su dominación sobre la mayoría negra (el 68% de la población) y mestiza.

En 1948, después de la victoria en las elecciones de Daniel François Malan, se estableció un registro racial obligatorio para segregar a la población. En 1949 se prohibieron oficialmente los casamientos interraciales. Su objetivo principal fue separar a las razas estableciendo una jerarquía jurídica superior de la raza blanca sobre el resto, pero la separación también se aplicaba a la distribución geográfica, hacia 1950 se determinó que ciertas zonas urbanas solo podían ser habitadas por blancos, generando grandes desplazamientos de la población negra a las zonas rurales.

A su vez, en las ciudades existían sectores "solo para blancos" y "solo para negros", siendo estos últimos de menor calidad. La separación geográfica alcanzó su máximo nivel cuando en 1959 la población negra quedó relegada a pequeños territorios marginales, los Bantustanes, y le fue negada la ciudadanía sudafricana.

Además, a partir de 1954, la población negra tuvo totalmente prohibida la participación en la vida política. Esto incluía la prohibición de ocupar posiciones en cualquier nivel del gobierno, así como la prohibición de votar, salvo en algunas instituciones exclusivamente negras.

El transporte público también estaba segregado. En la década del 50, Nelson Mandela organizó desde el Congreso Nacional Africano una campaña de desobendiencia civil contra todas estas limitaciones, que le valieron sus primeros arrestos.

Hasta la década del 60 las protestas se manifestaron como resistencia pasiva al régimen, es decir que se realizaban marchas en repudio a la segregación, que en general eran reprimidas violentamente por el gobierno. Esto cambió con la proscripción de los partidos negros mayoritarios, el Congreso Nacional Africano y el Partido del Congreso Africano. A partir de entonces, la resistencia pasiva se transformó en lucha armada. Nelson Mandela fue el líder y organizador del brazo armado de su partido, pero en 1963, con el estado de emergencia nacional declarado, tanto él como muchos otros dirigentes políticos fueron arrestados y condenados a cadena perpetua.

Durante la década del 70 el régimen recrudeció, alcanzando su pico de violencia en los eventos conocidos como "la masacre de Soweto". En el año 1974, el gobierno determinó que el idioma *afrikaans* fuera el obligatorio en todas las escuelas, incluso las de la población negra. Dos años después, las escuelas de Soweto, un distrito de población exclusivamente negra, se declararon en rebeldía, realizando marchas y manifestaciones. El 16 de junio de 1976, una de esas marchas terminó en una brutal represión policial, que dejó como saldo 566 niños muertos y dio inicio a una ola de violencia en toda Sudáfrica.

En el plano internacional, el régimen sudafricano se vio cada vez más aislado, con fuertes sanciones económicas de la comunidad de naciones y la expulsión de los juegos olímpicos a partir de 1964, lo cual fue una expresión de repudio de alto contenido simbólico para la comunidad internacional.

El aislamiento repercutió negativamente en la economía interna de Sudáfrica, provocando una crisis cada vez mayor. Finalmente, incluso la minoría blanca que dominaba el país tuvo que reconocer la necesidad de abolir el apartheid. Entre 1989 y 1994, el presidente Frederik de Klerk, en colaboración con Nelson Mandela, instrumentó las medidas necesarias para culminar con más de 50 años de segregación e injusticias. Así, en 1994, Nelson Mandela fue elegido como el primer presidente negro en las primeras elecciones libres en la historia de Sudáfrica.

PREGUNTAS PARA DEBATIR

1- ¿Quién crees que fue la mayor influencia en la vida política de Nelson Mandela? Justifica tu respuesta.

2- Sidelski, el primer jefe de Nelson en el estudio de abogados le advierte que la política solo le traerá problemas en su vida. ¿Estás de acuerdo con esa apreciación? ¿Crees que tenía razón? Debátelo con tus compañeros.

3- ¿Qué diferencias consideras que existen entre la resistencia pasiva y la resistencia activa? ¿Cuál crees que era la mejor vía de oposición al Apartheid en aquel momento? Ejemplifica tu respuesta con algún episodio de la vida de Mandela.

4- ¿Cómo fue la actitud de Nelson Mandela hacia sus oponentes políticos al salir de la cárcel? ¿Qué opinas de eso?

PROPUESTAS DE ESCRITURA

1- Imagina que eres un corresponsal de tu país en Sudáfrica el día de la liberación de Mandela. Escribe una crónica sobre los hechos más relevantes desde la perspectiva de tu país.

2- Ponte en la piel de uno de los presos políticos de Robben Island. Escribe un breve mensaje (que entre en una caja de cerillas) a los presos comunes, para organizar una protesta por algún reclamo.

3- Imagina que Mandela, ya adulto, escribe una carta para él mismo cuando era niño. ¿Qué cosas crees que se diría?

4- Cuando Mandela viaja a Egipto queda sorprendido por la grandeza de la civilización egipcia. Ponte en su lugar y escribe un diario de viaje sobre esa experiencia.

MANDELA Y EL SÉPTIMO ARTE

La figura de Nelson Mandela fue muy evocada en películas, series y telefilmes a lo largo de la historia. Su vida fue sin duda una vida de película y vale la pena recordarla también en el cine. Una de las primeras películas en retratar su vida fue un film para TV, realizado en 1987, cuando Mandela aún estaba preso. Danny Glover fue quien lo interpretó en esta versión.

En 1997 se lanzó la película *Mandela y de Klerk*, que recorre su historia desde el ingreso a Robben Island hasta su liberación. Mandela fue interpretado por el actor estadounidense Sidney Pottier, quien en 1963 fue el primer actor afroamericano en ganar un Premio Oscar como mejor actor. De Klerk fue interpretado por Michael Caine, quien en 1975 ya había protagonizado junto a Pottier una película sobre el apartheid, *The Wilby Conspiracy*.

La película biográfica más reciente sobre Mandela es *Mandela: El largo camino hacia la libertad*. La película se basa en la autobiografía de Nelson Mandela, que tiene el mismo título. El papel de Mandela lo interpretó el actor británico Idris Elba, pero la primera elección había sido Morgan Freeman.

Casualmente, Morgan Freeman interpretó a Mandela en *Invictus*, una emocionante película dirigida por Clint Eastwood, que trata sobre el apoyo que como presidente le brindó Mandela a la selección sudafricana de rugby durante el mundial de 1994. Mandela veía en este deporte, que era practicado solo por los blancos, una posibilidad de unir a todo el pueblo sudafricano y sanar las heridas de tantos años de discriminación y violencia.

Nelson Mandela no solo fue personaje en películas, también participó como actor en la película *Malcom X*, en la que hace una breve aparición como un maestro de escuela en Sudáfrica.

NUEVOS TÍTULOS DE ESTA COLECCIÓN

Mandela

Leonardo da Vinci

Alejandro Magno

Francisco

OTROS TÍTULOS DE ESTA COLECCIÓN

El mundo perdido

El corazón de las tinieblas

Ivanhoe

La isla del Doctor Moreau

Moby Dick

El retrato de Dorian Gray

Robinson Crusoe

Narración de Arthur Gordon Pym

La Odisea

La Ilíada

Los Miserables

Sandokán

Los tres mosqueteros

Ana Frank

Romeo y Julieta

Cantar de Mio Cid

COLECCIÓN
NOVELAS GRÁFICAS